BTS

A ASCENSÃO DO BANGTAN

CARA J. STEVENS

TRADUÇÃO
PAULA DE CARVALHO

Harper Collins
RIO DE JANEIRO, 2019

Título original: BTS: Rise of Bangtan

CIP-BRASIL. CATALOGAÇÃO NA PUBLICAÇÃO
SINDICATO NACIONAL DOS EDITORES DE LIVROS, RJ

S867b
Stevens, Cara J.
BTS : a ascensão do Bangtan / Cara J. Stevens ; tradução Paula de Carvalho. - 1. ed. - Rio de Janeiro : Harper Collins, 2018.
96 p. : il. ; 23 cm.

Tradução de: BTS : rise of Bangtan
ISBN 9788595084056

1. BTS (Conjunto musical). 2. Músico de k-pop - Coreia do Sul - Biografia. I. Carvalho, Paula de. II. Título.

18-51904 CDD: 927.8242164
CDU: 929:78.071

Meri Gleice Rodrigues de Souza - Bibliotecária CRB-7/6439
17/08/2018 21/08/2018

Diretora editorial
Raquel Cozer

Editora
Alice Mello

Copidesque
Carolina Vaz

Revisão
Ulisses Teixeira

Projeto gráfico de miolo e capa originais
Studio2pt0

Adaptação de projeto gráfico e capa
Julio Moreira | Equatorium Design

Créditos de fotos
pp. 4: Matt Sayles/Invision/AP Images; 5: Chelsea Lauren/Shutterstock; 6: Imaginechina via AP Images; 9: Ahn Young-Joon/AP Images; 10-11: Ahn Young-Joon/AP/Shutterstock; 13: Matt Sayles/Invision/AP Images; 17: Michael Tran/FilmMagic/Getty Images; 18: RB/Bauer-Griffin/GC Images/Getty Images; 21: Ahn Young-Joon/AP/Shutterstock; 23: Kim Hee-Chul/POOL/EPA-EFE/Shutterstock; 25: Jordan Strauss/Invision/AP Images; 27: bl Hubert Boesi/picture-alliance/dpa/AP Images; 29: tl Lee-Young-Ho/Sipa via AP Images; 33: t Sthanlee Mirador/Sipa via AP Images; 35: br Imaginechina via AP Images; 37: bl Invision/AP/Shutterstock; 40: Kim Hee-Chul/EPA-EFE/Shutterstock; 41: Jordan Strauss/Invision/AP Images; 45: Chris Polk/AMA2017/Getty Images for dcp; 47: ilgan Sports/Multi-Bits via Getty Images; 49: RB/Bauer-Griffin/GC Images/Getty Images; 50: Boontoom Sae-Kor/Shutterstock; 51: Robyn Beck/AFP/Getty Images; 52: Mark Ralston/AFP/Getty Images; 55: Boontoom Sae-Kor/Shutterstock; 59: Chelsea Lauren/Shutterstock; 63: Chris Polk/AMA2017/Getty Images for dcp; 64: Ahn Young-Joon/AP Images; 67: Jeff Kravitz/AMA2017/Film Magic for dcp; 68: Imaginechina via AP Images; 71: C. Brandon/Redferns/Getty Images; 75: Matt Sayles/Invision/AP images; 78: Imaginechina via AP Images; 87: Santiago Felipe/Getty Images; 90-91: Michael Tran/FilmMagic/Getty Images; 93, 94: Imaginechina via AP Images; 96: Lee Young-Ho/SIPA USA via AP Images.

HarperCollins Brasil é uma marca licenciada à Casa dos Livros Editora LTDA.

Rua da Quitanda, 86, sala 218 – Centro
Rio de Janeiro, RJ – CEP 20091-005
Tel.: (21) 3175-1030
www.harpercollins.com.br

SUMÁRIO

Yonhap News/YNA/Newscom

Yonhap News/YNA/Newscom

Yonhap News/YNA/Newscom

Yonhap News/YNA/Newscom

Yonhap News/YNA/Newscom

Yonhap News/YNA/Newscom

Yonhap News/YNA/Newscom

INTRODUÇÃO

As músicas cativantes, as coreografias intensas e as personalidades do BTS, uma boy band de K-pop com influências do hip-hop, catapultaram os sete integrantes ao status mundial de idols, colocando-os no topo das listas no mundo inteiro. Em 2018, até mesmo conquistaram um lugar no *Guinness World Records* por interagirem mais no Twitter que qualquer outro grupo musical.

Rebeldes e ousados, românticos e sensíveis, noventa por cento das canções do BTS foi escrita pelos sete integrantes da banda. Seus sonhos, esperanças, medos, batalhas, interesses e paixões estão refletidos nas músicas, impulsionando uma geração inteira a se juntar ao BTS ARMY.

O BTS estreou em 2013 com seu primeiro single "No More Dream". O som é uma mistura dos estilos ocidental e coreano e inclui colaborações com inúmeros astros do rap e do EDM, como Steve Aoki, The Chainsmokers e Supreme Boi.

BTS ATENDE POR DIFERENTES NOMES:

- *Bangtan Boys*
- *Beyond the Scene*
- *Bulletproof Boy Scouts*
- *Bangtan Sonyeondan (방탄소년단 em coreano)*
- *Bōdan Shōnendan (防弾少年団 em japonês)*

Quem são os BTS?

- Jin: vocalista, visual, hyung
- RM: rapper, produtor, líder
- Suga: rapper, produtor, pai do grupo
- J-Hope: rapper, dançarino, aegyo
- Jimin: dançarino, vocalista, chocolate abs
- V: vocalista, visual, 4D
- Jungkook: dançarino, vocalista, maknae

A atitude brincalhona e informal dos meninos fora do palco pode surpreender fãs que conheceram o grupo por suas letras emotivas e intensas e suas coreografias complexas.

WE ARE BULLETPROOF

BULLETPROOF BOY SCOUTS: A HISTÓRIA POR TRÁS DO NOME

O grupo considerou alguns nomes antes de se decidir por BTS, como Big Kids (porque a empresa que os gerencia se chama "Big Hit") e Young Nation. O nome *Bangtan* pode ser traduzido como "à prova de balas", ou "bulletproof", um símbolo do seu objetivo de suportar todas as balas do mundo, mantendo a cabeça erguida e lutando pelo que acreditam independente de qualquer julgamento. *Sonyeondan* significa grupo de garotos ou escoteiros.

"O significado de 'bangtan' é se proteger de uma ameaça. Ou seja, [nosso nome] quer dizer que vamos defender nossa música e nosso valor/moral com o próprio corpo."

— J-Hope

O acrônimo BTS evoluiu desde o debut da banda, que expandiu o significado para Beyond the Scene, ou "além da cena", como um sinal de sua conexão com o fã-clube ARMY.

A LOGO

A logo da banda, uma porta aberta, representa jovens que não ficam satisfeitos em aceitar sua realidade atual e estão dispostos a abrir portas e seguir em frente para crescer.

ARMY

Um acrônimo para Adorable Representative MC for Youth, ou "adorável MC representante da juventude", usado para descrever o exército de fãs devotado a espalhar a música e a mensagem de amor, aceitação e diversão do BTS.

LINHA DO TEMPO

2010-2011 Big Hit Entertainment abre testes para o grupo que se torna o BTS.

17 de dezembro de **2012** Criação da conta do Twitter do BTS.

9 de junho de **2013** Os integrantes são oficialmente anunciados.

11 de junho de **2013** O videoclipe "No More Dream" é lançado.

12 de junho de **2013** O primeiro álbum, *2 Cool 4 Skool*, chega às lojas.

2 de setembro de **2013** Transmissão do primeiro programa de variedades do BTS, *Rookie King*.

10 de janeiro de **2014** "Rookie of the Year" ganha um Golden Disc Award.

12 de fevereiro de **2014** "Boy In Luv" é lançado. Depois, o albúm *Skool Luv Affair* chega ao terceiro lugar na lista Billboard World Albuns.

29 de março de **2014** BTS se apresenta para 3 mil fãs no show do Global Official Fanclub ARMY First Muster em Seul, Coreia do Sul.

24 de abril de **2014** O grupo estreia no Japão com *Wake Up*.

10-14 de julho de **2014** Primeira aparição em um programa de TV, gravado em Los Angeles: *American Hustle Life*.

9 de setembro de **2014** Estreia a série de webtoon, *Hip Hop Monster*.

23 de janeiro de **2015** Ganham o prêmio de New Artist of the Year no Seoul Music Awards.

10-19 de fevereiro de **2015** Primeira turnê pelo Japão, "Wake Up: Open Your Eyes".

26 de outubro de **2015** Tornam-se embaixadores da marca Puma.

2 de dezembro de **2015** Ganham o prêmio de Best World Performer do Mnet Asian Music Awards.

17 de fevereiro de **2016** Ganham o prêmio de World K-Pop Star no Gaon Chart K-Pop Awards.

CURIOSIDADE:

Em setembro de 2018, o videoclipe de "DNA" tinha mais de 485 milhões de visualizações no YouTube e mais de 1,5 milhão de comentários.

2016 *Wings* chega à 26ª posição na Billboard 200 – a melhor estreia de um álbum de K-pop até 2018.

9 de outubro de 2016 "Blood Sweat & Tears" conquista o all-kill, ficando em primeiro lugar de todas as listas coreanas: Melon, Mnet, Bugs, Olleh, Soribada, Genie, Naver e Monkey3.

19 de novembro de 2016 O grupo ganha o prêmio Daesang, de Best Album of the Year, do Melon Music Awards.

21 de maio de 2017 Ganham o prêmio Top Social Artist do Billboard Music Awards, tomando o lugar de Justin Bieber, que recebeu o título nos últimos seis anos consecutivos.

1º de novembro de 2017 Fazem parceria com a Unicef para patrocinar a campanha #ENDviolence e lançam "Love Myself".

31 de julho de 2017 Ganham o prêmio de Melhor Artista no 44º Korean Broadcasting Awards.

5 de setembro de 2017 Atingem a marca de 8 milhões de seguidores no Twitter.

16 de setembro de 2017 Atingem a marca de 6 milhões de seguidores no seu canal do V Live.

18 de setembro de 2017 "DNA" se torna o primeiro single de uma banda de K-pop a entrar no Top 10 do iTunes dos Estados Unidos, em quarto lugar.

防彈
#99

防彈
防彈

22 de setembro de 2017 A banda chega às listas europeias: Suécia, Irlanda, Itália, Alemanha e Reino Unido.

25 de setembro de 2017 BTS torna-se o primeiro grupo de K-pop a entrar para o Billboard Hot 100 com "DNA" na 85ª posição.

26 de setembro de 2017 *Love Yourself: Her* conquista o primeiro lugar na lista Billboard World Albuns.

12 de novembro de 2017 BTS se torna a primeira banda coreana a ter 10 milhões de seguidores no Twitter, chegando aos 11 milhões um mês depois.

19 de novembro de 2017 Torna-se a primeira banda de K-pop a se apresentar no American Music Awards.

2 de dezembro de 2017 O grupo leva para casa quatro prêmios, e Suga ganha o Hot Trend no Melon Music Awards.

BONSANG VS. DAESANG

O Bonsang é o prêmio principal entregue a uma quantidade entre dez e 12 artistas. Já o Daesang é o grande prêmio da competição, dedicado a apenas um ganhador.

11 de janeiro de 2018 *Love Yourself: Her* recebe o Bonsang e o Daesang no Golden Disc Awards e o Digital Bonsang por "Spring Day".

14 de fevereiro de 2018 *You'll Never Walk Alone* ganha o título Album of the Year pelo primeiro trimestre, e *Love Yourself: Her* pelo terceiro trimestre.

25 de fevereiro de 2018 São honrados com o título Musician of the Year no Korean Music Awards.

9 de março de 2018 Ganham um prêmio sem relação com a música, de Brand Identity, no iF Design Awards.

11 de março de 2018 O BTS ARMY trabalha dia e noite para garantir que a banda ganhe o prêmio Best Fan Army no iHeartRadio Music Awards. O grupo também conquista o título de Best Boy Band.

CURIOSIDADE:

***Love Yourself: Her* vendeu mais de 1,2 milhão de cópias no mundo inteiro em menos de um mês.**

CURIOSIDADE:

Apesar de ter sido convidado, o BTS não pôde comparecer aos Jogos Olímpicos de Inverno de 2018 em Seul devido a conflitos de agenda, mas o BTS ARMY, presente no local, enlouqueceu quando "DNA" tocou na cerimônia de abertura.

24 de março de **2018** O BTS é votado como Favorite Global Music Star no Kids Choice Awards da Nickelodeon dos Estados Unidos.

16 de abril de **2018** BTS alcança um novo patamar com a inédita vitória de seis categorias do Soompi Awards: Artist of the Year, Album of the Year, Song of the Year, Best Choreography ("DNA"), Fuse Music Video of the Year ("DNA") e Best Collaboration. V também ganha o prêmio de Best Idol Actor.

27 de abril de **2018** O grupo recebe o prêmio por Outstanding Achievement no Music and the Hall of Stars Awards, além do Best Fandom Worldwide no Asian Awards.

29 de abril de **2018** São nomeados embaixadores da Coca-Cola na Copa do Mundo da Rússia.

18 de maio de **2018** *Love Yourself: Tear* é lançado.

2 de junho de **2018** *Love Yourself: Tear* se torna o primeiro álbum de K-pop a estrear na primeira posição na Billboard's Top 200.

BTS: BEFORE THE SCENE

Bang Si-hyuk – O homem por trás do BTS

Bang Si-hyuk, conhecido como Hitman Bang, é o criador e produtor do BTS, além de fundador e CEO da Big Hit Entertainment. Sua ideia era criar um grupo de K-pop que, além de estilo, também tivesse substância.

O mundo do K-pop é conhecido pelo tratamento padronizado e descartável dado aos artistas – a indústria encontra talentos crus e os molda através de treinamento rigoroso, cirurgias plásticas massivas e reconstrução total da imagem. Esses idols vêm e vão como as estrelas do pop chiclete da década de 1980 nos Estados Unidos, brilhando intensamente por um instante antes de cair em esquecimento.

Bang tinha uma visão diferente quando resolveu formar o BTS. Sua visão de "bulletproof boy scouts", ou "garotos à prova de bala", consistia em selecionar talentos crus e investir na paixão, motivação e personalidade dos membros a fim de criar uma banda digna de idolatria.

Yonhap News/YNA/Newscom

Hitman Bang

Bang Si-hyuk já fizera bastante sucesso no mundo da música coreana como letrista, compositor, produtor e executivo de gravadora bem antes de Bangtan Sonyeondan entrar em cena. No começo da carreira, ele havia formado uma parceria com Park Jin-young, fundador da JYP Entertainment, fazendo as composições e os arranjos enquanto Jin-young escrevia as letras.

Bang ganhou o apelido de "Hitman" nos anos 1990, quando ele e seu parceiro criavam sucesso atrás de sucesso ["hit", em inglês] com os grupos nos quais trabalhavam. Ele encerrou a parceria em 2005 para abrir a Big Hit Entertainment, um novo tipo de empresa de entretenimento que cuidaria melhor dos artistas, ofereceria atenção individualizada e deixaria a personalidade e o estilo dos trainees brilhar. Isso representava uma grande diferença em comparação às máquinas de sucesso que moldavam as estrelas do K-pop com foco numa imagem fabricada em vez de cultivar identidades verdadeiras. Ele escolhia os integrantes com cuidado, encontrando artistas com motivações profundas e duradouras, além de talento de sobra.

A primeira versão do grupo, um duo de rap que incluía RM (chamado na época de RapMon), mais tarde evoluiu para um grupo de sete idols, o que levou alguns dos trainees a deixar o projeto. A equipe mudou algumas vezes ao longo do caminho, mas a formação final resultou numa mistura de talento, empenho, espírito, personalidade e "beleza universal".

TORCENDO PARA OS AZARÕES

A Big Hit Entertainment era pequena em comparação aos gigantes corporativos que dominam a mídia mainstream na Coreia do Sul. Isso significava que não havia grandes patrocinadores ou máquinas de RP forçando os Bulletproof Boy Scouts a entrar em cena o mais rápido possível. Em vez disso, a pequena empresa de produção musical com um grande coração deu todo o apoio necessário aos trainees durante o processo de se tornarem idols.

Os fãs mais fervorosos das danças bem coreografadas do BTS e do jeito educado e simpático diante das câmeras podem ficar surpresos ao descobrir que sua estreia foi longe de tranquila ou profissional.

As primeiras críticas ao grupo foram severas. As pessoas achavam que os meninos estavam apresentando versões meia boca do rap americano e da cultura do hip-hop sem ter conhecimento verdadeiro sobre o que estavam homenageando. E, de certo modo, os críticos estavam certos. Apesar de toda a sua imersão no mundo da música e da dança, a maioria dos integrantes nunca havia entrado num avião ou viajado para fora do país, muito menos vivenciado a verdadeira cultura americana. Suga e RM também receberam reprimendas do mundo do rap underground do qual faziam parte antes: os antigos colegas os acusaram de se vender, e sua reprovação mexeu a fundo com os dois adolescentes, que ainda estavam se encontrando no mundo da música.

"Os meninos vieram do interior. Eu não esperava que eles fossem se tornar famosos numa escala mundial."
— Bang Si-hyuk sobre o BTS e o futuro do K-pop

Mas, em vez de deixar que as críticas os derrubassem, Hitman Bang mandou os meninos para Los Angeles, na Califórnia, a fim de que pudessem vivenciar a verdadeira natureza da cultura de rua e música dos Estados Unidos. Orientados por ícones da dança, do rap e da música americana, pode-se dizer que os meninos receberam um curso intensivo. A experiência de duas semanas se tornou um reality show de sucesso, *American Hustle Life*. O programa ficou tão popular que os fãs esperavam impacientemente, trocando mensagens sobre o que aconteceria em seguida, ansiosos pelo episódio semanal de uma série que começou com admiração sincera e terminou com uma confiança recém-descoberta.

Depois disso, o grupo ascendeu depressa para o sucesso, surpreendendo até mesmo Hitman Bang.

A JORNADA DE RM

Uma das melhores características do grupo é o quanto os integrantes estão em sintonia com suas vidas públicas – seus passos de dança, suas vozes, seu rap e sua personalidade fora das câmeras. Como peças de uma engrenagem, cada membro oferece uma contribuição única sem passar uma imagem de luta ou disputa pelo poder.

"Quando fui apresentado para o sr. Bang [Bang Si-hyuk], nosso produtor executivo [e CEO da Big Hit Entertainment], em 2010, eu era um rapper desconhecido de 16 anos. Estava no primeiro ano do ensino médio. Bang achava que eu tinha potencial como rapper e letrista, e começamos a trabalhar juntos. Então Suga se juntou a nós. J-Hope era muito popular como dançarino em sua cidade natal. Fomos os três primeiros membros! Debutamos como um grupo de sete em junho de 2013. Nós nos juntamos com base no sonho em comum de escrever, dançar e produzir música que refletisse tanto nossas origens musicais quanto nossos valores pessoais de aceitação, vulnerabilidade e sucesso. Nós sete incentivamos uns aos outros nos últimos quatro anos. Isso nos tornou tão próximos quanto irmãos." — RM em entrevista para a revista *Time*, junho de 2017.

VIDA DE K-POP

O mundo da fama no K-pop é diferente de qualquer outro. Os grupos são formados por agências que abrem inscrições para testes ou descobrem artistas nas ruas. Depois de selecionados, os integrantes se tornam trainees. Nem todos perduram até o fim do treinamento, e é comum que haja muitas mudanças conforme a agência determina a melhor combinação de artistas e personalidades que trabalham bem juntos. O período de treinamento de estrelas do K-pop pode durar mais de dois anos, durante os quais alguns integrantes são mantidos no escuro, sem saber se entraram oficialmente até o grupo debutar. Enquanto praticam, os integrantes são ensinados a agir como superstars na frente das câmeras o tempo todo. Trainees recebem suporte financeiro integral da agência durante esse período. Eles moram juntos em dormitórios e frequentemente trabalham 14 horas por dia, aperfeiçoando diferentes aspectos de seus talentos e suas personas públicas. Os trainees do BTS eram agrupados em diversos times, avaliados mensalmente em seu desempenho e progresso e recebiam ajuda extra nas áreas em que não se saíam tão bem.

Depois da grande debut, é a vez dos idols retribuírem o investimento das agências trabalhando com ainda mais afinco, fazendo aparições em rádios, programas de TV, palcos, promoções patrocinadas e pessoalmente, além de lançando videoclipes e novas músicas sem parar. O BTS vai ainda mais longe que a maioria dos idols, postando nas redes sociais sobre sua vida fora dos palcos. Os Bangtan Boys sempre têm uma câmera por perto para gravar suas brincadeiras com selcas*, fazer vídeos caseiros bobos e compartilhá-los na internet.

* selca = selfie no K-pop

BTS: Behind the Stars

Levou três anos para que uma lista de trainees que mudava com frequência evoluísse para o grupo unido que invadiu a cena em 2013. Veja como ele se desenvolveu.

2010 Bit Hit descobriu RM (Runch Randa) e Hun-cheol (Iron) quando eles faziam parte do grupo de hip-hop DaeNamHyup. Eles formaram o BTS original como um duo.

2010 Testes levaram à incorporação de i11evn, Suga e J-Hope.

2011 i11evn deixou o grupo.

2011 Kidoh entrou.

2011 Jungkook foi escalado depois que seu teste malsucedido no Super Star K2 se espalhou pelas produtoras.

2011 V se juntou ao grupo na mesma época que Jungkook, mas foi o último a ser anunciado – isso aconteceu no debut, em 2013.

2013 Jin estudava para se tornar ator quando foi recrutado, e Jimin entrou por meio de uma audição.

2013 Iron e Supreme Boi deixaram o grupo.

NOS BASTIDORES

- Jin foi descoberto enquanto caminhava pela rua.
- Suga quase desistiu quando era trainee.
- V e RM trabalharam por três anos como trainees.
- Jimin foi o integrante que praticou por menos tempo.
- Supreme Boi começou dentro do grupo, mas desistiu do treinamento e agora trabalha como produtor do BTS.
- Jin foi o último membro a entrar.
- Os trainees Jimin, J-Hope e Jungkook precisaram fazer aulas de dança extras.

Yonhap News/YNA/Newscom

É comum que fãs recentes da banda tenham dificuldade de diferenciar os garotos. Os americanos surtaram quando viram os belos rostos de J-Hope e Jin pela primeira vez em rede nacional. Sem saber seus nomes, os fãs fizeram descrições nas redes sociais – que acabaram pegando e se tornando novos apelidos!

- "O de cabelo vermelho e jaqueta dourada"
  – J-Hope em sua aparição no *Dick Clark's New Year's Rockin' Eve*
- "O terceiro da esquerda pra direita"
  – Jin em sua aparição no Billboard Music Awards de 2017

Os integrantes do BTS passam 24 horas por dia e sete dias por semana juntos quando estão em turnê, nos ensaios, no estúdio ou relaxando nos dormitórios. Eles desenvolveram uma amizade verdadeira que é perceptível pela química do grupo. Também inventaram vários apelidos uns para os outros!

- Suga chama Jungkook de "Jeon Jungkookie" e RM de "Joonie".
- Todos chamam RM de "Pa-gwe-e shin", que significa "deus da destruição".
- V é conhecido no grupo como "tae-tae" ou "buin", que significa "esposa".
- Jimin é chamado de "Jiminnie", mas RM também o apelidou de "Mo-jji Sek-shi", ou "Sexy Mochi", porque suas bochechas são gordinhas – como bolinhos de arroz macios –, mas ele continua sendo um idol sexy.

COMEBACKS

Constantemente se reinventando

A história do BTS é baseada em comebacks, ou séries de álbuns. Cada série mostra um lado diferente do grupo, de sua persona de colegial a garotos rebeldes cheios de atitude e jovens emotivos explorando seu ângulo espiritual. Mesmo que muitos fãs tenham um favorito, se você for um verdadeiro ARMY vai ver cada lançamento como uma oportunidade de descobrir uma nova faceta desse complexo e incrivelmente talentoso grupo.

A linha do tempo do BTS por Era

- *BTS entra em cena com a trilogia colegial: 2 Cool 4 Skool, O!RUL8,2?, e Skool Luv Affair.*
- *O grupo entra em seguida na fase Dark and Wild, com seus singles de sucesso "Danger" e "War of Hormone".*
- *The Most Beautiful Moment in Life, Part 1* e *Part 2*, além de *Young Forever*, levou-os a ganhar reconhecimento internacional e a apresentar sua série de videoclipes cinematográficos.
- Com o álbum *Wings* eles conquistam pela primeira vez o primeiro lugar dos sucessos coreanos e o prêmio Artist of the Year no Mnet Asian Music Awards de 2016. O videoclipe se aprofundou em questões existenciais e na busca pela verdade espiritual.
- *You'll Never Walk Alone* foi uma versão remodelada de *Wings*, mas vendeu 700 mil cópias mesmo assim.
- *Love Yourself: Her* impulsionou o grupo para a fama internacional com "DNA" e "Mic Drop".
- *Love Yourself: Tear*, a sequência de *Love Yourself: Her*, lançada em maio de 2018, conquistou a primeira posição na Billboard no debut. Foi o primeiro lançamento de K-pop a atingir esse status.

BTS foi o primeiro grupo a ter três clipes com mais de 300 milhões de visualizações: "DNA", "Fire" e "Dope".

O remix de Steve Aoki de "Mic Drop", com participação de Desiigner, é uma das duas músicas do BTS a ganhar um disco de ouro.

CONHEÇA OS INTEGRANTES DO BTS

"Sou Jin. Bonito Internacionalmente."

JIN

NOME COMPLETO: Kim Seok-jin 김석진

Vocalista/visual

DATA DE NASCIMENTO: 4 de dezembro de 1992
ALTURA: 1,77m
CIDADE NATAL: Gwacheon, Gyeonggi-do, Coreia do Sul
LÍNGUAS: coreano, inglês, japonês e um pouco de mandarim
ESCOLARIDADE: Konkuk University, formado em arte e atuação
ENTRADA NO BTS: 2011

Por ser o integrante mais antigo, Jin é o autoproclamado "irmão mais velho", ou hyung, do grupo, e brinca que também é "o dono do rosto mais bonito".

Jin aprendeu a cozinhar quando entrou para o BTS e foi posto em dieta restrita. É o maior amante de culinária e ama preparar comidas, falar sobre comidas, contar histórias sobre comidas e, claro, comer! Ele é conhecido por ser muito brincalhão, e mesmo que suas piadas não sejam muito engraçadas, é contagiante quando ele ri de si mesmo!

Apesar de ser o hyung do grupo, Jin tem um irmão mais velho em casa. No dormitório, porém, Jin realmente age como o adulto. Ele acorda cedo e é responsável pela cozinha e pela limpeza da casa.

EAT JIN!

Em setembro de 2014, Bangtan Bomb lançou um vídeo de Jin comendo salada. Para o observador casual, não foi nada especial, mas esse momento marcou o começo da carreira mukbang* de Jin em sua série *Eat Jin*. Ao longo dos aproximadamente trinta vídeos, Jin come num refeitório, num quarto de hotel, na cozinha, com amigos e enquanto conversa com um empresário fora das câmeras. Ele devora uma variedade de comidas e, às vezes, até prepara as próprias refeições. A trilha sonora de *Eat Jin* pode ser encontrada no canal de YouTube do BangtanTV, com muitos vídeos mukbang extras também no V Live.

* Um mukbang é um vídeo de um idol coreano apreciando uma grande quantidade de comida enquanto fala com os espectadores pela câmera.

OS ADORÁVEIS AMIGOS PELUDOS DE JIN

Jin tinha um cachorrinho chamado Jjangu que faleceu. Ele adotou dois adoráveis petauros-do-açúcar que, é claro, nomeou em homenagem às suas comidas preferidas: dois tipos de bolinho de peixe!

Petauros-do-açúcar são animais de estimação exóticos, pequenos como hamsters. São muito sociáveis e precisam de bastante atenção, o que Jin lhes dá alegremente todos os dias, mesmo depois de um longo dia de ensaio. Apesar de cinco integrantes do grupo terem animais de estimação, apenas os de Jin e de V moram no dormitório com os meninos.

Yonhap News/YNA/Newscom

Yonhap News/YNA/Newscom

CURIOSIDADES:

- Jin estava na faculdade quando foi descoberto na rua e convidado a fazer um teste para o grupo.
- Jin e Jimin são companheiros de academia. Eles malham juntos com frequência. Mas, em casa, Jin escolheu Suga para ser seu colega de quarto.
- Sua namorada ideal é doce, caseira e com potencial para se tornar uma boa esposa.

"A maior parte de nossas músicas fala sobre como nós vemos o mundo e como tentamos persistir como seres humanos normais e comuns."

RM

NOME COMPLETO: Kim Nam-joon 김남준
(também conhecido como Rap Monster, Runch Randa, RapMon, Namjoon)

Líder/rapper/produtor

RUNCH RANDA

NASCIMENTO: 12 de setembro de 1994
ALTURA: 1,80m
CIDADE NATAL: Ilsan, Goyang, Coreia do Sul
LÍNGUAS: coreano, inglês, japonês
ESCOLARIDADE: Formou-se com honras na Global Cyber University em transmissão e performance artística; estudou na Nova Zelândia
INÍCIO DA CARREIRA: Lançou-se em 2008 como Runch Randa
ENTRADA NO BTS: 2010 como primeiro integrante

RAPMON

RM é o líder do BTS e seu porta-voz nas entrevistas do grupo em inglês. Apaixonado por rap desde novo, cresceu assistindo a vídeos de rappers americanos. Entrou para o rap underground e trabalhou com artistas populares antes de se tornar o primeiro integrante do BTS.

RM é durão e cheio de atitude, mas não chega a ser assustador como seu apelido de monstro sugere. Fora dos palcos, é brincalhão e cheio de pensamentos profundos. Age como a voz do grupo quando fala em inglês, o que o faz praticamente sem sotaque e com uso de várias gírias.

Por mais que seja um ótimo rapper, seus talentos não se estendem às suas mãos nem aos seus pés. Na época de trainee, seus professores de dança lhe deram o apelido irônico de "Dance Prodigy", ou "prodígio da dança", por ser incapaz de acertar os passos. Os colegas de banda de Namjoon dizem que ele está sempre quebrando objetos em casa, quando viaja e basicamente em todo lugar onde vai, mas que sua mente brilhante e personalidade atenciosa compensam tudo.

RAP MONSTER

Yonhap News/YNA/Newscom

Yonhap News/YNA/Newscom

NAMJOON

Yonhap News/YNA/Newscom

Yonhap News/YNA/Newscom

Yonhap News/YNA/Newscom

CURIOSIDADES:

- RM aprendeu inglês sozinho assistindo à série de TV *Friends*.
- Seu cachorro se chama Rapmon.
- Sua namorada ideal é sexy, feminina e capaz de ter longas conversas com ele.

"Depois do nosso debut, voltei para o dormitório e fiquei parado, olhando para o nada. Não conseguia acreditar que um garoto de uma família pobre de Daegu tinha chegado até ali."

SUGA

NOME COMPLETO: Min Yoon-gi 민윤기

Rapper/produtor

NASCIMENTO: 9 de março de 1993
ALTURA: 1,73m
CIDADE NATAL: Buk-gu, Daegu, Coreia do Sul
ESCOLARIDADE: ApGuJeong High School
INÍCIO DE CARREIRA: Rapper underground chamado Gloss em D-Town
ENTRADA NO BTS: 2010, originalmente como produtor

Assim como RM, Suga também era um rapper underground antes de entrar no BTS. Mas seus talentos vão além de fazer rima no microfone. Suga também é um excelente letrista, produtor e pianista. Ele é o segundo mais velho do grupo, depois de Jin. Em 2016, lançou um disco solo assinado com o nome Agust D. Nele, Suga revelou que vem lutando contra a depressão, o TOC e a ansiedade desde que saiu de casa para correr atrás de seu sonho. Através da terapia e com a ajuda de seus colegas de banda e do BTS ARMY, ele conseguiu superar esses obstáculos, e expressa gratidão aos fãs e à comunidade BTS pelo amor e apoio.

CURIOSIDADES:

- **Mesmo que o nome de Suga lembre açúcar em inglês, ele não é nem um pouco fã de doces e prefere comidas leves e salgadas.**
- **Ele precisou fazer uma apendicectomia em 2013, o que lhe rendeu o apelido Senhor Apêndice.**
- **Ele gosta tanto de dormir que poderia facilmente ter sido apelidado de "Nap Monster", ou "monstro da soneca".**
- **Suga tem opiniões fortes que realmente moldam sua personalidade. Ele gosta de dormir, tirar fotos, jogar basquete e de lugares silenciosos. Não gosta de multidões nem de dançar.**
- **Na frente das câmeras e na imprensa, Suga e o restante do grupo brincam sobre seu amor por dormir.**
- **Seu tipo ideal é uma pessoa esperta, calma e com uma personalidade parecida com a dele.**

MIXTAPE DE AGUST D

O nome de artista solo de Suga, Agust D, é "Suga" ao contrário mais "DT", que se refere a Daegu Town, onde passou a infância.

Depois do lançamento de "Epilogue: Young Forever", outra surpresa digna de aplausos surgiu na cena musical: a mixtape solo autoproduzida de Suga. O álbum, que consiste em dez músicas, começa com um sample de uma música famosa de James Brown, então introduz uma apresentação a Suga, o artista e rapper, que canta: "This K-pop category ain't enough size for me", ou "Essa categoria de K-pop não é grande o suficiente para mim".

As canções de Suga carregam certa ousadia quando não estão suavizadas pelas poses aegyo e pela coreografia do BTS, e ele tem liberdade para falar em seu nome através do alter ego, Agust D. Ao longo das dez faixas, ele conta a história do seu passado, sua ascensão à fama e vida como idol.

Yonhap News/YNA/Newscom

Yonhap News/YNA/Newscom

Yonhap News/YNA/Newscom

"Meu nome é o que tem mais significado entre o de todos os outros do grupo [risos]. Sabe como, na caixa de Pandora, depois que tudo escapa, a única coisa que resta é a esperança? Eu coloquei "hope" no meu nome para representar uma existência esperançosa no grupo. Peguei o *J* do meu sobrenome, Jung. Foi assim que me tornei J-Hope."

J-HOPE

NOME COMPLETO: Jung Ho-seok 정호석

Rapper/dançarino

NASCIMENTO: 18 de fevereiro de 1994
ALTURA: 1,77m
CIDADE NATAL: Gwangju, Coreia do Sul
INÍCIO DA CARREIRA: Ele estudou numa academia de dança famosa em Gwangju e tinha um contrato com a empresa de entretenimento JYP antes de se juntar à Big Hit. Também foi integrante do grupo de dança de rua Neuron.
ENTRADA NO BTS: 2010
APELIDO: Hobi

J-Hope é um beagle com um monte de energia no palco, exibindo suas habilidades impressionantes para a dança, estilo único de rap e adoráveis expressões aegyo. Antes de entrar para o BTS, J-Hope já tinha certa fama como dançarino de rua e competidor. Ele venceu uma competição nacional de dança na Coreia do Sul em 2008. Ho-seok, também conhecido por fãs e amigos como Hobi, focou mais nos vocais do que no rap no início da carreira, o que explica sua técnica suave e cantada. Sua atitude positiva o levou a escolher o nome artístico, aspirando a ser uma fonte de esperança e luz para os fãs.

Antes de estrear no BTS, J-Hope pertencia a um grupo de dança de rua chamado Neuron. "Enquanto promovia meu grupo de dança underground, eu dancei muito popping. Dentro do popping, existe um subgênero chamado Boogaloos, que eu praticava mais. Ganhei vários prêmios e fiz diversas apresentações nesse período."

CURIOSIDADES:

- J-Hope se mudou para Seul em 2010.
- Por mais que J-Hope seja conhecido por suas poses aegyo, ele nem sempre foi fã de fazer caras e bocas para as câmeras.
- No videoclipe da sua música solo "Daydream", J-Hope faz uma referência ao livro *O guia do mochileiro das galáxias* ao receber uma mensagem do personagem principal, Arthur, dizendo: "Não entre em pânico."
- Sua namorada ideal é uma garota que lhe dê apoio, goste de livros e cozinhe bem.

Yonhap News/YNA/Newscom

Yonhap News/YNA/Newscom

"Nomes como Baby J e Kid foram considerados, mas decidi que Jimin era a melhor opção e acabei usando meu nome."

JIMIN

NOME COMPLETO: Park Ji-min 박지민

Dançarino/vocalista

NASCIMENTO: 13 de outubro de 1995
ALTURA: 1,72m
CIDADE NATAL: Busan, Coreia do Sul
ESCOLARIDADE: Busan High School, depois se transferiu para a Korea Arts High School e completou o curso na Global Cyber University
ENTRADA NO BTS: 2012

Antes de fazer uma audição para o BTS, Jimin era estudante de dança contemporânea no colégio de ensino médio focado em artes, assim como seu companheiro de banda, V. Ele é perfeccionista em todos os aspectos, mas também tem uma personalidade tranquila e afetuosa. Seus colegas de banda caçoam dele por ser o menor do grupo, mas Jimin não se deixa abalar.

Jimin se mudou para o dormitório em maio de 2012, um ano depois de V. Jungkook também morava lá na época. A vida num dormitório não foi a única experiência nova de Jiminnie. Ele era o garoto novo na escola também. V o protegeu, apresentou-o aos seus amigos e almoçava com ele todos os dias, comendo lámen e lanches no refeitório da escola.

Quando está diante das câmeras, elas geralmente estão focadas em seus passos graciosos e em seu chocolate abs, ou abdômen tanquinho, mas sua voz agradável pode ser escutada na faixa solo "Lie", também escrita por ele. A canção é sobre inseguranças, timidez e a pressão que põe em si mesmo para sempre dizer e fazer a coisa certa.

Dentro e fora dos palcos, Jimin apoia seus colegas de banda com todo o coração e está sempre preocupado em não desapontá-los. Já foi conhecido por se dedicar demais a ensaios e exercícios físicos, como da vez em que seu nariz começou a sangrar durante um treino por excesso de esforço.

PRÊMIOS

Melon Music Award: New Artist of the Year (2013)
Golden Disc Award: Newcomer Award (2014)
Melon Music Award: Best Male Dance Award (2015)
Golden Disc Award: Disc Bonsang (2016)

Yonhap News/YNA/Newscom

Yonhap News/YNA/Newscom

CURIOSIDADES:

- Jimin batalhou contra o peso no passado, e alega que comia seis refeições por dia quando ele e V estavam no colégio. Ao se tornar um idol, Jimin passou a seguir uma dieta restrita e se dedicar a uma rotina de exercícios, orgulhando-se de seu "chocolate abs" firme como pedra. Quando o grupo está em turnê, Jimin sente que seu tanquinho amolece um pouco, mas ele volta à rotina assim que a viagem acaba, exercitando-se todos os dias com Jungkook para se manter em forma.
- Sua namorada ideal com certeza terá uma ótima personalidade.

"Apesar de as pessoas normalmente me acharem engraçado, eu não fico tentando agradar os outros de propósito."

V

NOME COMPLETO: Kim Tae-hyung 김태형

Vocalista

NASCIMENTO: 30 de dezembro de 1995
ALTURA: 1,77m
CIDADE NATAL: Nasceu em Daegu, Coreia do Sul, e foi criado em Geochang
LÍNGUAS: coreano, japonês fluente
ESCOLARIDADE: Korea Art School e Global Cyber University
INÍCIO DA CARREIRA: Atuou no drama coreano *Hwarang*
ENTRADA NO BTS: 2011

V abraça todos os tipos de esforços criativos, não apenas a música. É um grande fã de arte e atuou na novela coreana *Hwarang*, interpretando o personagem Hansung de 2016 a 2017. Alguns fãs se referem a ele como o integrante 4D – um termo do K-pop para alguém que é excêntrico, peculiar e um pouco "fora desse mundo". Ele tenta falar inglês com sotaque americano às vezes, o que os fãs consideram simplesmente sem jeito e adorável!

V recebeu reprimendas sérias de fãs e haters depois de pegar o microfone e cantar a música "Loser", do grupo Big Bang, durante o discurso de agradecimento no programa *M! Countdown*, quando BTS venceu o grupo EXID. V e seus defensores insistiram que ele não teve má intenção com a escolha da música e que é apenas um grande fã do Big Bang. Mais tarde, num tweet de desculpas, ele alegou que ouvia "I Need U", "Bae" e "Loser" todos os dias e não tinha a intenção de ofender com a escolha da música.

Yonhap News/YNA/Newscom

Yonhap News/YNA/Newscom

CURIOSIDADES:

- Tae-hyung veio da área rural. É o filho mais velho da família, com uma irmã e um irmão mais novos.
- V vem de *vitória* – sua esperança por sucesso no BTS –, mas não era a única opção de nome de palco para Tae-hyung. Ele também considerou Six e Lex antes de se decidir por V.
- Animais fofinhos são o ponto fraco de V. Ele tem três cachorros que vivem com a família – Soonshin, Ssyongssyong e um filhotinho de lulu-da-pomerânia chamado Yeontan –, além de um gato chamado Kkanji.
- V tocou saxofone por três anos quando era mais novo porque seu pai lhe disse que todo cantor também deveria saber tocar um instrumento.
- Ele ama tudo que é único e diferente e, em seu tempo livre, pode ser encontrado procurando músicas obscuras na internet.
- V ama parques de diversão e brinquedos radicais, apesar de odiar coisas assustadoras como fantasmas.
- Seus apelidos são Tae-Tae (mais fácil de pronunciar do que Tae-hyung) e Blank Tae (porque com frequência assume um olhar vazio ["blank", em inglês] quando está dançando).
- V tem uma ideia muito específica de sua namorada ideal. Ela deve ser econômica nas despesas e ficar no seu pé se ele gastar demais. Ela também consideraria comprar um carro antes de uma casa, saberia fazer um bom chocolate quente e seria leal e generosa com os pais.

"Um monte de coisas mudou porque eu fui para os Estados Unidos. Quando era trainee, eu ouvia que precisava praticar dança, mas foi completamente diferente lá. Foi realmente libertador."

JUNGKOOK

NOME COMPLETO: Jeon Jeong-guk 전정국

Dançarino/vocalista

NASCIMENTO: 1º de setembro de 1997
ALTURA: 1,77m
CIDADE NATAL: Busan, Coreia do Sul
ESCOLARIDADE: Seoul School of Performing Arts
INÍCIO DA CARREIRA: Seoul School of Performing Arts
ENTRADA NO BTS: 2011
APELIDOS: Kookie, Golden Maknae

Jungkook é o maknae (mais novo) do grupo, também chamado de Golden Maknae por ser bom em cantar, dançar, fazer rap e praticar esportes. Apesar de assumir os vocais principais com frequência, ele é o integrante mais quieto fora dos palcos. Antes de ter idade suficiente para entrar no ensino médio, Jungkook fez um teste para o programa da Coreia do Sul chamado *Superstar K* e se tornou um sucesso instantâneo. Ele foi designado à Big Hit Entertainment e se juntou ao BTS quando tinha 15 anos. Durante o treinamento para superstar mundial, ele também recebeu instruções formais da School of Performing Arts de Seul, onde se graduou um ano depois, em 2017.

Jungkook é muito conhecido por suas habilidades como cantor e dançarino, mas também é ótimo atleta, seja em corrida, queda de braço, tiro com arco ou até boliche. Além disso, é um artista talentoso – o dom vem de família.

Jungkook pode ser o integrante mais jovem, mas seus variados talentos o tornam um tipo de renascentista coreano. Ele não é um cantor habilidoso apenas em coreano, mas também em inglês, japonês, chinês e vietnamita, seja com instrumentos ou *a capella*. Como os fãs bem sabem, também é um dançarino espetacular.

Mas isso não é tudo. Jungkook tem diversas outras habilidades, e seus colegas de banda não perdem uma oportunidade de contar histórias e elogiá-lo sempre que aparecem na frente das câmeras.

Yonhap News/YNA/Newscom

Yonhap News/YNA/Newscom

CURIOSIDADES:

• No seu tempo livre, Jungkook adora jogar, seja no celular, em videogames ou num fliperama. É grande fã do jogo *Overwatch*. Quando não está jogando, gosta de ler livros e quadrinhos.

• Seu japonês e inglês são muito bons.

• Sua matéria favorita no colégio era educação física.

• Ele tem um irmão mais velho chamado Jung Hyun.

• Certa vez, Jungkook mandou um vídeo para entrar nas audições de um programa coreano de cantores. Quando seu vídeo viralizou, esse Golden Maknae se tornou o aprendiz mais cobiçado da Coreia do Sul!

• Seu par ideal teria aproximadamente 1,60 metro de altura, seria inteligente, com uma pele bonita e talento para cantar.

QUIZ: QUÃO BEM VOCÊ CONHECE O BTS?

Você acha que sabe tudo que se pode saber sobre esses idols? Associe a letra do integrante certo ao lado da resposta dele, depois cheque o gabarito adiante. Cada acerto vale um ponto.

A - *Jin*
B - *RM*
C - *Suga*
D - *V*
E - *J-Hope*
F - *Jimin*
G - *Jungkook*

1. COMIDA PREFERIDA

Peixe
Kimchi
Lámen e frango frito
Doces
Comida apimentada
Fruta
Carne, carne e mais carne

2. PERSONALIDADE

Inteligente
4D
Líder
Preguiçoso
Brincalhão/Aegyo
Competitivo
Solidário

3. PAPEL NA CASA

Avô
Fazer bagunça
Implicar
Lavar roupa
Dormir
Fazer suas próprias coisas
Ser solidário

4. FILME PREFERIDO

A origem
Matrix
Nocaute
Always
Brilho eterno de uma mente sem lembranças
Homem de Ferro
Questão de tempo

5. OS ANIMAIS DE ESTIMAÇÃO DOS BTS

Três cachorros e um gato
Petauros-do-açúcar Eomuk e Odeng
Um cachorro chamado Holly
Um cachorro chamado Mickey
Um cachorro chamado Gureum (ou Cloudie)

6. EXEMPLO A SER SEGUIDO

Kanye West
T.O.P. do Big Bang
Lil Wayne
G-Dragon do Big Bang
Beenzino
Eric Bannet
Taeyang do Big Bang

7. COR PREFERIDA

Rosa
Branco
Verde
Cinza
Azul/preto
Preto, rosa e roxo
Preto

8. NUNCA SAI DE CASA SEM

Água
Protetor labial
Travesseiro
Câmera

9. SIGNIFICA DO NOME

O gênio do sul
Seja um grande tesouro
Uma pérola brilhante
Fama
Seja o pilar da nação
Sabedoria alcançando os céus
Esperança diante de adversidade

10. O QUE ELE ASSOCIA À MASCULINIDADE

Força/conhecimento
Presença
Confiança
Responsabilidade
Rosto
Cuidar dos outros
Modos e paixão

SUA PONTUAÇÃO: ___ /65

RESPOSTAS:

1. D, E, B, A, G, F, C
2. B, D, A, C, E, G, F
3. A, B, E, D, C, G, F
4. C, A, E, F, B, G, D
5. D, A, C, E, G
6. B, A, C, G, F, D, F
7. G, C, E, D, F, B, A
8. E, B, D, C
9. B, A, C, E, G, F, D
10. G, F, D, C, A, B, E

DIAS DE TRAINEE

De trainees a idols: o começo de um fenômeno K-pop

Começar audições e treinar um grupo pop por vários meses ou até anos antes de seu debut é um procedimento padrão na indústria do K-pop. Grupos moram juntos em dormitórios, onde comem, dormem, ensaiam e ficam juntos 24 horas por dia, sete dias por semana.

Quando Bang abriu testes para integrantes, ele não focou apenas na música ou na dança. Todos os trainees escolhidos tinham uma forte motivação e paixão pelo trabalho desde bem jovens. A filosofia de Bang era que, por mais que pudesse ensiná-los a cantar, dançar, posar, olhar e agir como superstars, eles precisavam começar o treinamento com amor e paixão pelo trabalho.

Ao contrário de várias empresas de entretenimento pop coreano que ganharam uma péssima reputação por tratar mal seus trainees e astros, a Big Hit Entertainment tinha uma abordagem diferente. O dono do selo, Bang Si-hyuk, oferece aos trainees e idols como os Bangtan Boys mais independência em troca de completa honestidade e, muitas vezes, críticas duras, ainda que justas.

CURIOSIDADE:

Quando "No More Dream" foi lançado, Jin tinha 21 anos, e Jungkook, só 16!

"As pessoas acham que temos uma vida exagerada por sermos cantores, mas a verdade é que eu durmo, jogo no celular e... é isso. Não tem mais nada para fazer nos dormitórios além de dormir." — RM em entrevista coletiva para *AJ x The Star*

OITO ARTISTAS K-POP QUE QUASE ENTRARAM PARA O BTS

Esses artistas foram convidados para serem trainees, mas acabaram não passando na última seleção:

- i11evn
- Suwoong
- Atom
- Kidoh
- Supreme Boi
- IRON
- Basick
- Beenzino

Vida em casa

Quando o grupo era recém-formado, os sete idols dividiam um único quarto.

Quando começaram a fazer sucesso, passaram a se dividir em duplas. Usaram o joquempô para decidir quem ficaria com o quarto individual. O Golden Maknae, Jungkook, ganhou, apesar de ser o mais jovem.

Em 2018, os idols se mudaram para um novo e grande dormitório de trainees com seis quartos. J-Hope e Jimin são os únicos integrantes que dividem um cômodo, e dizem que não se importam.

NOITES DE IDOL

"Se alguém pedisse à maioria dos americanos que mencionasse apenas um artista coreano do ano passado, haveria grandes chances de a resposta ser BTS. O som do Bangtan Sonyeondan invadiu o mundo nos últimos anos, e, em 2017, eles enfim entraram no notoriamente competitivo mercado americano. A boy band coreana com sete integrantes se apresentou no American Music Awards em novembro, sendo o primeiro grupo de K-pop a ter essa honra. Eles também apareceram no programa de Ellen DeGeneres e Jimmy Kimmel, deixando um rastro de histeria on-line e vídeos virais do devoto — e em constante crescimento — fã clube."

— Revista *Forbes*, 27 de março de 2018

BTS em turnê

- 29 de março de **2014** Global Official Fanclub ARMY First Muster, Seul, Coreia do Sul (3 mil fãs)
- 14 de julho de **2014** Show & Prove Concert, Los Angeles, Califórnia (250 fãs)
- 17 de outubro de **2014** – 29 de agosto de 2015 BTS Live Trilogy Episode II: The Red Bullet, Coreia do Sul, Japão, Filipinas, Singapura, Tailândia, Taiwan, Malásia, Austrália, EUA, México, Brasil, Chile, Hong Kong
- 10-19 de fevereiro de **2015** Primeira turnê japonesa do BTS, Wake Up: Open Your Eyes, Japão
- 28-29 de março de **2015** BTS Live Trilogy Episode I: BTS Begins, Coreia do Sul (6.500 fãs)
- 27 de novembro de **2015** – 23 de março de **2016** BTS Live The Most Beautiful Moment in Life on Stage, Coreia do Sul, Japão
- 24 de janeiro de **2016** BTS Second Muster [ZIP CODE: 22920], Coreia do Sul (9 mil fãs)

- 12-13 de novembro de **2016** BTS Third Muster [ARMY.ZIP +], Coreia do Sul (38 mil fãs)
- 7 de maio – 14 de agosto de **2016** BTS Live The Most Beautiful Moment In Life on Stage: Epilogue, Coreia do Sul, Taiwan, Macau, China, Japão, Filipinas, Tailândia
- 18 de fevereiro – 10 de dezembro de **2017** BTS Live Trilogy Episode III (Final Chapter): The Wings Tour, América do Norte, América do Sul, Ásia, Austrália
- 13-14 de janeiro de **2018** BTS Fourth Muster [Happy Ever After]. Seul, Coreia do Sul (40 mil fãs)

VOCÊ É ARMY? @BTS_TWT

Tudo sobre o BTS ARMY

O BTS ARMY é a força motriz por trás da ascensão meteórica do grupo para a popularidade. Apesar de cantar e dar entrevistas quase exclusivamente em coreano (com algumas frases jogadas de tempos em tempos em inglês e japonês), o grupo ganhou apelo mundial em grande parte graças ao ARMY que traduz letras de músicas e entrevistas, compartilha campanhas para aumentar as vendas e gerar assunto nas redes sociais e espalha notícias por todos os cantos da internet em diversas línguas.

Os integrantes do BTS reconhecem a importância do seu fã-clube, agradecendo ao ARMY por todo o sucesso que obtiveram na internet graças à divulgação dos fãs.

Entrando para o BTS ARMY Oficial

As vagas para o ARMY só abrem de vez em quando. A melhor maneira de ficar atento à oportunidade de se inscrever é na página oficial do Facebook.

Para se tornar um membro, você precisa antes fazer parte do fancafe da banda no site Daum.net, assim como estar registrado no site de e-commerce Interpark, www.globalinterpark.com. Ambas as inscrições são gratuitas.

BTS foi o primeiro grupo de K-pop a ganhar um emoji próprio no Twitter. Ele imita a logo: um traje à prova de balas. Em uma busca no Twitter pelos maiores fã-clubes do grupo, os integrantes do ARMY por todo o mundo usaram o emoji para competir e, no final, os ARMYs do Brasil, da Turquia e da Rússia ganharam por mais utilizarem a hashtag durante o período do desafio.

Tornando-se um ARMY não oficial (mas mesmo assim incrível)

É um desafio entrar para o grupo oficial, e não é tão proveitoso se você não mora na Coreia do Sul, onde a maior parte dos benefícios acontece, mas isso não deve impedir você de se tornar um representante adorável.

O site usbtsarmy.com conta com as últimas novidades, informações e tutoriais de como se inscrever no fã-clube oficial e no fancafe em inglês.

RACE FOR GOLD

Uma campanha impulsionada pelos fãs para aumentar o número de vendas, visualizações e acessos ao radio airplay, fazendo com que o BTS entrasse na disputa por mais prêmios e reconhecimento nos Estados Unidos.

Fã-clube e Fancafe – Qual é a diferença?

No fandom coreano, há duas maneiras de demonstrar apoio aos seus bias (idol ou grupo preferido): fã-clubes e fancafes. Inscrever-se em um fancafe é gratuito, mas é preciso pagar para se tornar membro de um fã-clube.

BTS Fancafe: http://cafe.daum.net/bangtan

É gratuito se tornar membro do fancafe; no entanto, o site é todo em coreano, o que dificulta a inscrição e torna quase impossível para um fã que não fale a língua acompanhar as novidades, mesmo com um bom programa de tradução on-line. Se você for integrante do fancafe, pode conversar em tempo real com outros membros do ARMY, fazer perguntas diretamente para a Big Hit e o BTS, acessar notícias oficiais sobre encontros com os fãs, gravações e updates, deixar mensagens para seu idol favorito e receber mensagens dos próprios membros... Sim, eles checam MESMO as mensagens no fancafe – principalmente J-Hope, que ama dar uma olhada no site em seu tempo livre. Eles postam selcas com frequência, por isso você pode ter sua dose diária de maravilhosidade mesmo que não consiga ler as legendas.

O fancafe está hospedado no maior portal on-line da Coreia do Sul, o Daum.

Benefícios do fã-clube

Ser membro do BTS ARMY oficial traz benefícios diferentes a cada ano. As inscrições são abertas na primavera e duram apenas duas semanas, durante as quais há avisos nas redes sociais oficiais do BTS, como Twitter, Instagram e na página oficial do grupo.

Fan chants

Fãs de K-pop apoiam ardentemente seus idols. Isso fica ainda mais evidente em shows, onde eles podem demonstrar de forma ativa sua paixão pelo grupo ao aprender um coro e recitá-lo em uníssono. A participação da plateia acontece através de trechos de letras específicos em coreano ou inglês, ou de simples entoações dos nomes dos integrantes do grupo em uma ordem determinada:

"Kim Nam-joon! Kim Seok-jin! Min Yoon-gi! Jung Ho-seok! Park Ji-min! Kim Tae-hyung! Jeon Jeong-guk! BTS" – Fan chant básico do BTS

O efeito é animar os idols no palco, além da própria plateia.

"Os fãs do BTS — o 'ARMY' — nos contam sobre seus sentimentos, seus fracassos, suas paixões e suas lutas o tempo todo. Frequentemente nos inspiramos [neles], porque tentamos escrever sobre como jovens da vida real — tipo nós sete — enfrentam suas questões. Por isso, nossos fãs nos inspiram e nos apontam a direção a ser seguida como músicos. Além disso, é claro, o amor e apoio deles nos dá forças para seguir em frente."

— RM em entrevista para a revista *Time*

FÃ-CLUBES NÃO OFICIAIS

O Amino Army é uma comunidade on-line internacional de fãs dedicados a compartilhar seu amor e conhecimento sobre a banda e os integrantes. A inscrição é gratuita e pode ser feita pelo site https://aminoapps.com/c/Btsarmy/ ou pelo aplicativo do Amino. O Amino Army conta com posts de blog, quizzes, enquetes, fan art, memes e outras curiosidades abrangendo todos os aspectos do grupo, da música e dos sete artistas que tornam tudo possível.

BTS Diary é outra fonte de notícias relacionada ao BTS. O site é atualizado diversas vezes por dia com as últimas novidades, contagens regressivas e lançamentos, além de contar com traduções de revistas internacionais e novas fontes.

BTS Wiki é um site colaborativo que permite que qualquer um contribua para um repositório cada vez maior de todo tipo de informação sobre o BTS. Você pode acessar a wiki e contribuir para seu crescimento em http://the-bangtan-boys.wikia.com/wiki/BTS_Wiki.

Convenções também são superpopulares entre fãs do BTS. Centenas deles se reuniram na KCON, a Convenção de Cultura Coreana em Los Angeles, onde os sete integrantes fizeram uma aparição em 2014.

CURIOSIDADE:

Siga a hashtag #RMusic para saber as recomendações pessoais de músicas de RM no Twitter.

INFORMAÇÕES OFICIAIS E NÃO OFICIAIS SOBRE O BTS

Sites oficiais

- *Site Oficial do BTS: bts.ibighit.com*
- *Loja do BTS: btsofficialshop.com*
- *Loja do BTS (versão em inglês): en.btsofficialshop.com*
- *Blog do BTS: btsblog.ibighit.com*
- *V Live do BTS: channels.vlive.tv/FE619/video*
- *Weibo do BTS: weibo.com/BTSbighit*
- *Fancafe do BTS: café.daum.net/BANGTAN*
- *Fã-clube japonês oficial do BTS: https://bts-official.jp*
- *Soundcloud: https://soundcloud.com/bangtan*

Fórum

- *BangtanBase – um fórum dedicado ao BTS: https://bangtanbase.com*

SPOTIFY

Cada integrante do BTS tem sua própria playlist, na qual eles aparecem segurando uma letra. Quando mostradas em ordem, elas formam MICDROP.

Jungkook: I Am Listening to It Right Now, por BTS
Jin's GA CHI DEUL EUL LAE?, por BTS
Jimin's JOAH? JOAH!, por BTS
SUGA's Hip-Hop Replay, por BTS
RM's Heavy Rotations, por BTS
J-Hope's JAM, por BTS
V's Join Me, por BTS

OS AMIGOS DO ARMY ESTÃO AQUI PARA AJUDAR

Espalhando amor e positividade, o ARMY retribui

O Army Help Centre, www.spreadlovepositivity.org, é um grupo de fãs do BTS do mundo todo que se voluntariou para ajudar novos e antigos fãs do BTS que precisem de ajuda ou apoio emocional. Os conselheiros do AHC são psicólogos e estudantes de psicologia voluntários que oferecem amparo em mais de trinta línguas diferentes, o tempo todo, on-line e através de mídias sociais.

Quem precisar de alguém para conversar e ser compreendido sem julgamento pode entrar em contato com o AHC por DM no Twitter. Mesmo que não sejam profissionais, os conselheiros vão ficar felizes em oferecer maneiras de lidar com certas situações, como problemas na escola, bullying e ansiedade, além de fornecer direções de como arrumar ajuda profissional, caso necessário.

O centro já recebeu em torno de 3 mil DMs e recebe mais a cada dia desde que o @BTS_AHC foi criado!

Eles também podem ser encontrados por e-mail em slp@spreadlovepositivity.org ou btsarmyhelpcentre@gmail.com, e vão conectar a pessoa a um conselheiro para uma comunicação direta.

AHC e Spread Love Positivity não são afiliados ao BTS ou à Big Hit Entertainment.

"A família que encontrei nesse fandom se tornou parte valiosa do meu dia a dia. Eu me importo com cada membro do ARMY. Nós somos uma família, e nada pode nos ferir se permanecermos unidos e cuidarmos uns dos outros. Eu amo minha família."

— Valfroy Aissatou, fundador do AHC

DISCOGRAFIA SELECIONADA

2 Cool 4 Skool (CD, Álbum)	2013
O!RUL8,2? (CD, Mini, MiniAlbum)	2013
Wake Up	2014
Skool Luv Affair	2014
Dark & Wild (CD)	2014
The Most Beautiful Moment in Life, Part 1	2015
The Most Beautiful Moment in Life Part 2	2015
Dark & Wild (CD, Album + DVD-V)*	2015
花様年華 Pt.1 (CD + DVD-V)*	2015
Skool Luv Affair (Album+DVD) (CD + DVD)	2015
화양연화 Young Forever	2016
Wings	2016
Youth*	2016
You Never Walk Alone	2017
Kayonenka Young Forever (2xCD, Álbum + DVD-V)	2017
Love Yourself: Her (CD, Álbum, EP)	2017
Face Yourself**	2018
Love Yourself: Tear	2018

Lançamentos coreanos pela Big Hit Entertainment
* Lançamentos japoneses por Pony Canyon
** Universal Music, Def Jam Recordings, Virgin Music

SINGLES E EPs

No More Dream*	2014
Boy in Luv*	2014
Danger*	2014
For You*	2015
I Need U*	2015
Run*	2016
血、汗、涙**	2017
MIC Drop / DNA / Crystal Snow**	2017
BTS (4) feat. Desiigner - MIC Drop (File, MP3, Single, 320)	2017

COMPILAÇÕES

2 Cool 4 Skool / O!RUL8,2?–Japan Edition* (2xCD, Comp + DVD)	2014
The Best of 防弾少年団–Japan Edition* (Box, Ltd + CD, Comp + DVD-V)	2017
The Best of 防弾少年団–Korea Edition (Box, Ltd + CD, Comp + DVD-V)	2017

VÍDEOS / DVDs

Memories of 2014 (3xDVD)	2015
2015 Live the Most Beautiful Moment in Life on Stage (3xDVD-V, Ltd)	2016
Memories of 2015 (4xDVD-V)	2016
2016 BTS Live on Stage: Epilogue Concert (3xDVD-V, Ltd)	2017
Kayo Nenka on Stage: Epilogue (2xDVD-V, Ltd)	2017

FAIXAS BÔNUS

Downloads são superconvenientes, mas você sabia que alguns álbuns físicos têm faixas bônus escondidas?

2 Cool 4 Skool

- Path
- Skit: On the Start Line

Love Yourself: Her

- Ocean/Sea
- Skit: Hesitation and Fear

Os Bangtan Boys não apenas fazem rap, cantam e dançam como verdadeiros idols, mas também são letristas incríveis. RM, Suga, J-Hope e Jungkook também têm créditos de produção em seus nomes.

Em maio de 2018, *Love Yourself: Tear*, cantado majoritariamente em coreano, se tornou o primeiro álbum de língua estrangeira a conquistar a 1ª posição na Billboard em mais de 12 anos.

Participação de astros

As habilidades insanas de K-pop dos Bangtan Boys receberam um pouco de ajuda de fãs celebridades. Eis algumas colaborações:

O encontro do BTS com Andrew Taggart, do Chainsmokers, no Billboard Music Awards, resultou na colaboração "Best of Me", em *Love Yourself: Her*.

"Mic Drop (remix)", com Steve Aoki, ganhou um disco de ouro nos Estados Unidos e ocupou o Billboard Hot 100 por dez semanas.

"Os integrantes me zoaram quando tentei escrever letras pela primeira vez. Acho necessário que produtores saibam cantar, fazer rap e compor. Uma canção vai ter mais significado se eu construí-la do início ao fim em vez de usar uma batida criada por outra pessoa."

—RM

CURIOSIDADE:

A pré-venda de *Love Yourself: Her* alcançaram a marca de 1,05 milhão de cópias.

O SIGNIFICADO POR TRÁS DA MÚSICA

Mais inteligente do que a maioria dos grupos de pop
Existe uma intelectualidade implícita nos videoclipes do BTS que fica clara mesmo que você não entenda o que está sendo cantado. O vídeo mais notavelmente profundo é o curta "Wings". RM começa com um discurso em inglês, que pode ser traduzido como: "Dois mundos diversos ali se confundiam; o dia e a noite pareciam provir de polos distintos." É uma fala tirada de um clássico romance alemão, *Demian*, de Hermann Hesse, escrito em 1919. O livro explora a luta entre o mundo da ilusão e o mundo real da verdade espiritual; o mundo superficial que mostramos aos outros e a verdadeira natureza de quem somos. Bastante profundo para um monte de hoobaes (novatos).

Músicas com mensagens
Como RM explicou numa entrevista para a KBS, a Korean Broadcasting Network, o grupo gosta de incluir referências literárias em suas músicas para expandir a conexão das pessoas com as mensagens.

As músicas dos Bangtan Boys giram em torno das lutas diárias dos adolescentes, como amor e escola, mas não fogem de assuntos mais pesados, como normatividade social, sexualidade e doenças mentais.

CURIOSIDADE:

Um *Künstlerroman* é um trabalho que descreve a história de amadurecimento de um artista. *Demian* é um exemplo clássico. Grande parte das músicas e dos videoclipes do BTS pode ser considerada obras *Künstlerroman* também.

"A identidade coletiva do BTS consiste em lutar contra o preconceito e a opressão e proteger a integridade da música. Tentamos conectar as mensagens umas às outras. Continuamos nos esforçando para comunicá-las através da música."
— J-Hope em entrevista para a KBS

LEITURAS INSPIRADORAS

Eles sabem fazer rap. Sabem dançar. São bonitos. E leem muito. Por causa deles, jovens do mundo todo descobriram *Demian*, o clássico romance alemão que Namjoo foi visto carregando e lendo em várias fotos e vídeos, e o ARMY também passou a prestar atenção em outros livros que os garotos estão lendo. Coloque esses títulos em sua lista de leituras para ganhar uma compreensão ainda mais profunda das músicas do BTS.

- *Life Lessons*, de Elisabeth Kübler-Ross (Suga)
- *About Her*, de Banana Yoshimoto (Suga)
- *Kitchen*, de Banana Yoshimoto (RM)
- *Demian*, de Hermann Hesse (RM)
- *Vinte mil léguas submarinas* e *A volta ao mundo em 80 dias*, de Júlio Verne (J-Hope)
- *Lord Chesterfield's Letters*, de Philip Chesterfield (V)
- *1Q84*, *Kafka à beira-mar* e *Norwegian Wood*, de Haruki Murakami (RM)
- *Como eu era antes de você*, de Jojo Moyes (RM)
- *O estrangeiro*, de Albert Camus (RM)
- *O apanhador no campo de centeio*, de J. D. Salinger (RM)
- *O guia do mochileiro das galáxias*, de Douglas Adams (RM)

"Nós do BTS, como um time, sempre tentamos destacar histórias de amadurecimento e de pessoas na adolescência ou na casa dos vinte anos. Essa é nossa principal mensagem."
— RM em entrevista para a KBS

OS PASSOS

Enquanto trainees, os meninos praticavam em torno de dez horas por dia, sendo que alguns deles até acordavam no meio da noite para ensaiar, com medo de desapontar os outros integrantes no dia seguinte. Son Seong Deuk, diretor de performance e coreógrafo, reduziu o tempo de prática para quatro horas por dia ao sentir que os integrantes haviam ganhado mais intuição sobre seus movimentos e sobre como aperfeiçoar ainda mais as apresentações.

- J-Hope é o líder, combinando seu hip-hop suave e passos freestyle com seu popping e isolation magistral.

- Jimin foi treinado em dança contemporânea, com passos claros e um estilo fluido. Ele se move como água no palco.

- Jungkook treinou tae kwon do, o que proporciona graça, poder e energia à sua dança.

Os três ficam com a parte pesada do trabalho, já que RM, V, Jin e Suga não tinham nenhum histórico em dança antes de se tornarem trainees.

Se você acha os passos deles inspiradores, pode acompanhá-los graças aos YouTubers que reduziram a velocidade dos vídeos da banda e destrincharam cada movimento frame a frame. Alguns vloggers oferecerem as danças espelhadas para que você possa recriá-las exatamente da mesma forma que os dançarinos, enquanto outros mostram como realizar os passos do jeito que são vistos na tela ou no palco.

BTS: BREAKING THE SCREEN

No seu tempo livre, quando não estão cantando, fazendo rap, dançando, compondo, fazendo shows, gravando, ensaiando, comendo, vlogging, encontrando-se com fãs, filmando videoclipes ou competindo em game shows, eles também criaram seu próprio webtoon, emoji e app de jogo.

Existe alguma coisa que esses meninos à prova de balas não consigam fazer?

CURIOSIDADE:
Webtoons (web + [car]toon) são mangás ou quadrinhos digitais lidos de cima para baixo num layout continuamente vertical.

Hip Hop Monster

Sete integrantes, sete personagens aegyo misteriosamente semelhantes a eles: Big Hit desenvolveu personagens em colaboração com a empresa de entretenimento CJ E&M baseado na personalidade, aparência e nos hobbies dos integrantes. Eles foram revelados no Meet & Greet on-line do BTS em 2014 e se tornaram a linha já icônica de bonecos, adesivos, personagens e o webtoon Hip Hop Monster.

O quadrinho se passa numa escola, onde os sete personagens formam um clube e têm pequenas aventuras. São 44 capítulos. As traduções em inglês podem ser encontradas no site BTS Diary abaixo do menu webtoons: https://btsdiary.com/hip-hop-monster.

We On: Be The Shield

A série webtoon seguinte tem uma pegada e um estilo estético de mangá completamente diferente. Foi baseado na música homônima do álbum *O!RUL8,2?*. A história acompanha os sete personagens (que têm os mesmos nomes, mas não as mesmas personalidades dos integrantes) enquanto eles protegem a Terra de monstros invasores com seus superpoderes. A narrativa se desenvolve em 29 capítulos e tem apenas uma temporada. As traduções em inglês também podem ser encontradas no site BTS Diary no menu webtoons: https://btsdiary.com/picture/webtoon/we-on-be-the-shiels.

BT21: The Cuteness Invasion Friends Creators

Numa colaboração entre Line Friends e BTS, os meninos criaram seus próprios personagens e a Line Friends os trouxe à vida em forma de almofadas, bichinhos de pelúcia, roupas e acessórios, com personagens cheios de atitude. No melhor estilo BTS, todo o processo de desenvolvimento foi gravado. Você pode assistir à história e conhecer os personagens no site oficial, www.bt21.com, além de comprar merchandise na amazon.com (busque por BT21).

Puzzle Star

Puzzle Star BT21 é um jogo com a participação dos fofos personagens criados pelos integrantes com a Line Friends. Você pode baixar o jogo e os emojis de graça no Google Play ou na App Store.

BTS NA TV

É possível encontrar atualizações quase todos os dias sobre o BTS em VLive.TV e no canal do YouTube BangtanTV de forma gratuita, além de conteúdo adicional premium através de inscrição no V Live e YouTube Red. Uma grande dose diária desses idols do K-pop!

VLIVE.TV

V Live *é um broadcaster on-line que permite a celebridades como BTS se comunicar diretamente com os fãs. O canal do BTS conta com várias séries, incluindo Run BTS! e BTS Gayo!, além de diversas minisséries. O grupo tem quase 9 milhões de seguidores no V Live, e é fácil entender o motivo. Não só você pode assistir a um novo episódio de Run BTS! toda terça-feira se for inscrito no canal, como pode ver versões gravadas de todos os programas deles de graça quando quiser. Também é possível assistir a vlogs onde, em vídeos pessoais, cada integrante fala sobre seu dia a dia fora dos palcos, contando sobre eventos de fãs, viagens ou até mesmo a limpeza da casa.*

Run BTS! *é o programa de variedades no qual os meninos enfrentam desafios e se divertem juntos na frente das câmeras para todos os fãs verem. Esses escoteiros não reprimem nada enquanto se vestem de meninas colegiais, enfrentam seus medos, participam de desafios de culinária caóticos, ficam cara a cara com zumbis e, no episódio mais fofo de todos, treinam cachorrinhos. O programa foi lançado em 2015 e continua exibindo episódios semanais e cenas extras dos bastidores no V Live.*

BTS Gayo! *é um game show musical no qual, toda semana, os integrantes são os competidores. Os desafios focam em diferentes aspectos de música, dança, canto e cultura pop. Os meninos*

competem entre si, tentando adivinhar músicas infantis, cantando caraoquê e até mesmo produzindo os próprios videoclipes. O programa foi ao ar originalmente de 2015 a 2017, mas episódios e cenas dos bastidores podem ser encontrados no canal do BTS no V Live.

BTS Bon Voyage (temporadas 1 & 2) é um reality show que acompanha as viagens do BTS. A primeira temporada foi ao ar em 2016 e apresenta a turnê de dez dias do grupo pelo norte da Europa enquanto comemora seu terceiro aniversário. A segunda temporada estreou um ano depois e narrou sua turnê de dez dias pelo Havaí.

Bokbulbok pode ser traduzido como sorte/azar. Foi um game show de cinco episódios que os integrantes gravaram no QG do Big Hit, o mesmo espaço onde ensaiavam. Em cada episódio, um deles pegava, de dentro de um aquário, um ovo de plástico transparente que continha uma brincadeira ou um desafio que precisaria ser feito em seguida.

BTS Home Party acontece todo ano como parte da BTS Festa. O evento, que acontece em Seul, só é aberto a certos membros do ARMY, mas o filme completo de 105 minutos pode ser assistido de graça pelo canal do V Live.

BTS NO YOUTUBE

BTS A.R.M.Y. Rookie King foi ao ar com oito episódios no começo da trajetória da banda. Os meninos aparecem cozinhando, jogando boliche, fazendo palhaçadas e jogando. O jogo mais popular do programa é Endplate King, no qual um dos integrantes era considerado salvo e os outros seis recebiam cartas. A palavra "salvo" aparecia escrita em cinco delas, e a sexta tinha o desenho de uma caveira com ossos cruzados. O participante azarado que tirava a carta da caveira recebia então um "castigo", como ter um ovo quebrado na cabeça, ser maquiado pelos colegas de banda, cheirar peixe fermentado ou comer lámen apimentado numa sauna vestindo muitas roupas. É possível encontrar episódios de *Rookie King* com legendas em inglês no YouTube.

BTS Burn the Stage passa no YouTube Red. O programa acompanhou a banda por trezentos dias enquanto eles se preparavam e partiam para sua primeira turnê mundial. Os integrantes dedicaram o show aos fãs e uns aos outros como uma celebração do trabalho árduo, da amizade e da felicidade de sua jornada compartilhada. O programa mostra seus contratempos e triunfos, além de narrar o crescimento para os idols se transformarem nos artistas experientes e renomados mundialmente que são hoje. O primeiro episódio semanal de *Burn the Stage* foi ao ar em março de 2018.

BTS Festa acontece todo ano, com início em 1º de junho, como uma forma de comemorar o aniversário de debut da banda, em 2013. Durante duas semanas, os meninos presenteiam os fãs com fotos, músicas e vídeos gratuitos, incluindo cenas dos bastidores de ensaios de dança, músicas e colaborações lançadas recentemente.

Bangtan Bomb é uma série de vídeos curtos sobre a vida do BTS. Com duração entre dois segundos a quase dez minutos, os vídeos são vlogs aleatórios dos Bangtan Sonyeondan agindo como os meninos adoráveis que são. Os vídeos estão disponíveis na playlist *Bangtan Bomb* no canal de YouTube BangtanTV.

AMERICAN HUSTLE LIVE, O PROGRAMA DE TV DO BTS, 2014

Quando a fase de trainee dos Bangtan Boys começou, eles trabalhavam sem parar a fim de aperfeiçoar sua aparência, música e dança, além de unificar o grupo. Uma coisa da qual os críticos sentiram falta quando o grupo debutou era uma pegada autêntica de hip-hop. No estilo de um verdadeiro líder, Bang escutou as críticas e formulou um novo plano: mandar os meninos aos Estados Unidos para aprender sobre a cultura americana em primeira mão. Foi quando começou o acampamento de hip-hop e o *American Hustle Life*.

Do jeitinho dramático próprio da Coreia do Sul, os meninos foram informados de que estavam indo a Los Angeles para gravar um novo álbum. Logo depois da chegada deles, foram emboscados num sequestro encenado que os levou a locais secretos duvidosos para "tomarem jeito". Depois de encararem tudo com humor e tranquilidade, os meninos receberam a notícia de que, na verdade, estavam na cidade para aprender tudo sobre a cultura do hip-hop americano. Foram apresentados para os mentores Dante Evans, Nate Walka e Tony Jones, submetidos a quizzes relâmpagos, disputas de dança, aulas sobre *tough love* e, acima de tudo, lições transformadoras oferecidas por artistas magistrais.

Os meninos ficaram surpresos com o quanto não sabiam sobre a cultura que vinham reproduzindo a meio mundo de distância e, durante o período de duas semanas, receberam um curso intensivo em música americana que passariam a usar como guia a partir do momento que voltaram para casa.

BTS APARECE NO *GO!*

O sétimo episódio do programa do Mnet America, *Go!*, acompanhou o BTS em sua segunda viagem aos Estados Unidos, em 2014. A exibição de 44 minutos mostrou os integrantes de forma íntima e pessoal em Laguna Beach, visitando o estúdio Dream Factory de Los Angeles e entrando com eles no palco da KCON 2014. O programa pode ser assistido em MnetAmerica.com.

O grupo adorou o clima de Los Angeles, a vida praiana, as vistas e o fato de terem morado numa mansão californiana durante o tempo da visita. Quando não estavam tendo aulas e fazendo dever de casa de hip-hop, eles se divertiam descansando, relaxando e fazendo palhaçadas no verdadeiro estilo BTS. A melhor parte para os fãs é que todo o processo foi filmado! A cada semana, o BTS lançava um vídeo narrando suas experiências. As gravações capturaram seus sucessos, seus fracassos, seus medos e seu entusiasmo – o grupo não parecia reprimir nada na frente das câmeras –, e os fãs não se cansavam de suas bobeiras de beagle!

BTS: UM VERDADEIRO SUCESSO COMERCIAL

Em março de 2018, o BTS filmou um videoclipe comercial para o KB Kookmin Bank apresentando seu aplicativo em desenvolvimento. A música que acompanhou? "Run", é claro!

O sucesso comercial continuou quando, apenas algumas semanas depois, a banda se juntou ao Team LG como embaixadores mundiais dos celulares e eletrônicos da marca e lançou propagandas para as lojas Lotte Duty Free em quatro línguas diferentes.

"A LDF vai te tornar um cara legal"
— frase do rap feita para o comercial da Lotte Duty Free

CURIOSIDADE:

CF é um termo coreano para um endosso comercial.

Yonhap News/YNA/Newscom

Yonhap News/YNA/Newscom

Yonhap News/YNA/Newscom

Yonhap News/YNA/Newscom

Yonhap News/YNA/Newscom

Yonhap News/YNA/Newscom

Yonhap News/YNA/Newscom

BTS CONQUISTA O SUPERESTRELATO COMO EMBAIXADOR DA COCA-COLA PARA A COPA DO MUNDO 2018 NA RÚSSIA

"Escolhemos o BTS para ser nosso modelo porque a energia poderosa dos seus membros no palco e sua paixão pela música combinam bem com o entusiasmo da Copa do Mundo e com a felicidade que a Coca-Cola proporciona no calor do verão. A partir da Copa do Mundo na Rússia, a Coca-Cola vai passar a trabalhar com o BTS para trazer uma experiência empolgante e especial para o verão." – *Press release* da Coca-Cola, 29 de abril de 2018

OS VIDEOCLIPES DO BTS

Os clipes do BTS são a prova visual de que esses garotos não apenas sabem cantar, dançar, fazer rap, produzir e compor, mas também atuar! É comum que os vídeos tenham uma história complexa que mostre a amizade divertida entre os integrantes, além de abordar questões profundas e importantes para a juventude em escala global.

1. 11 de junho de 2013 "No More Dream"
2. 16 de julho de 2013 "We Are Bulletproof Pt. 2"
3. 10 de setembro de 2013 "N.O."
4. 11 de fevereiro de 2014 "Boy In Luv"
5. 4 de abril de 2014 "Just One Day"
6. 19 de agosto de 2014 "Danger"
7. 21 de outubro de 2014 "War of Hormone"
8. 29 de abril de 2015 "I Need U"
9. 23 de junho de 2015 "DOPE"
10. 29 de novembro de 2015 "Run"
11. 19 de abril de 2016 "Epilogue: Young Forever"
12. 1º de maio de 2016 "FIRE"
13. 15 de maio de 2016 "Save Me"
14. 9 de outubro de 2016 "Blood Sweat & Tears"
15. 12 de fevereiro de 2017 "Spring Day"
16. 19 de fevereiro de 2017 "Not Today"
17. 18 de setembro de 2017 "DNA"

A SÉRIE HYYH

Hwa Yang Yeon Hwa – The Most Beautiful Moment in Life – HYYH

Os videoclipes HYYH contam a história de sete personagens através de vídeo, música e pouquíssimos diálogos, deixando o enredo bem aberto a interpretações. Os fãs têm todo tipo de teoria, que abrangem desde assuntos profundos como suicídio, assassinato, depressão e outras doenças mentais a transições agridoces da infância à fase adulta, oferecendo diversas interpretações simbólicas. Por mais que nenhuma das teorias tenha sido confirmada ou rejeitada pelo BTS ou pela Big Hit, os Bangtan Boys brincam com o mistério, deixando escapar dicas aqui e ali para botar lenha na ardente fogueira de especulação. Os vídeos podem ser assistidos em qualquer ordem, mas uma teoria prevalecente diz que este arranjo particular é o que mais faz sentido:

- *I Need U (Versão Original)*
- *Butterfly Prologue*
- *Run*
- *Epilogue: Young Forever*
- *Wings (curtas)*
- *Blood Sweat & Tears*
- *Love Yourself highlight reels*
- *Spring Day*

"HYYH é um idioma de quatro letras. *Hwa yang* significa a forma da flor. *Yeon hwa* quer dizer tempo ou momento. HYYH significa literalmente 'o momento mais belo de uma flor'. Pensamos que 'HYYH' poderia simbolizar juventude. Tem o sentido de 'o momento mais belo da vida'. Achamos que isso é juventude. E esperamos que o tempo que passamos no palco seja o mais bonito da nossa vida."

— RM sobre o álbum, as músicas e a turnê

Entendendo os videoclipes

O grupo usa símbolos em seus videoclipes para transmitir os significados mais profundos das músicas, e você não precisa ser como RM – que tem um QI de 148 – para compreendê-los. A maior parte representa o contraste entre a luz e as sombras, a juventude e a experiência, a inocência e o conhecimento, a ilusão e a realidade, a tentação e o sacrifício. A vida, como eles dizem, é uma luta entre pegar o caminho mais fácil e trabalhar pesado para fazer a coisa certa e superar as pressões sociais e emocionais do dia a dia.

Blood Sweat & Tears

A maioria dos fãs fica bastante confusa ou emocionada na primeira vez que assiste ao clipe de "Blood Sweat & Tears". Há tantos símbolos e referências literárias que seria preciso um TCC inteiro para explicá-los! Segue abaixo a análise de alguns dos símbolos presentes no vídeo.

1. *A cena de Jungkook voando rodeado por penas e de V pulando de uma sacada representa a queda provocada pelo excesso de ambição, da lenda de Ícaro.*
2. *A maçã de Jimin representa a tentação bíblica.*
3. *Cada uma das estátuas e pinturas da galeria de arte na cena da abertura tem um significado mitológico, religioso e da literatura clássica que alude a temas como o bem e o mal, a tentação e a resistência, o pecado e a redenção.*
4. *O brinde de Jin à mesa representa a Última Ceia, quando uma pessoa se sacrificou para salvar os outros.*
5. *Jin beija a estátua para se conectar à arte. Nesse momento, ele a abraça, e o mundo explode em cores.*
6. *As lágrimas de Jin representam a luta do artista.*

Homenagem às vidas perdidas em "Spring Day"
Demian não é a única referência literária evocada pelos meninos. O conceito da mensagem e do vídeo de "Spring Day" foi baseado no premiado conto de fantasia "Aqueles que se afastam de Omelas", de Ursula K. Le Guin. Omelas, um lugar fictício, é teoricamente uma terra utópica em eterna primavera, repleto de igualdade, liberdade e inocência. No entanto, conforme a história se desenrola, fica claro que a realidade é, de fato, oposta a tudo isso. "Spring Day" evoca o sentimento de solidão e a busca pela felicidade à medida que os integrantes do BTS atravessam uma série de cenários sombrios dessa utopia ficcional. O vídeo é uma homenagem às vidas perdidas no desastre com a barca *Sewol*, cujo naufrágio matou 304 pessoas, em grande parte adolescentes que participavam de uma viagem escolar.

O videoclipe começa com uma única figura completamente sozinha numa plataforma de trem em meio à neve. O vídeo é repleto de símbolos, desde a mensagem premonitória que diz "you'll never walk alone", ou "você nunca vai andar sozinho", onde Jungkook aparece com as bagagens abandonadas de amigos invisíveis, ao aviso piscante "No Vacancy", passando pelo laço amarelo no carrossel em memória das vítimas do desastre de Sewol. Depois de uma série de experiências que não lhes traz satisfação, os meninos decidem deixar Omelas juntos em busca da verdadeira felicidade no mundo exterior. O videoclipe termina com eles dando boas-vindas à primavera com significado, luz e alegria.

COLABORAÇÕES PARA UM NATAL PERFEITO:

O Big Hit all-stars lançou um novo clássico de fim de ano com Jo Kwon e Lim Jeong Hee, da boy band 2AM, Joo Hee, do trio 8eight, além de duas participações do BTS, com RM fazendo um rap animado e Jungkook cantando um solo cheio de emoção de "Santa Claus Is Coming to Town".

BTS: BEYOND THE SONGS

Love Myself (iniciativa da Unicef)
1º de novembro de 2017

O BTS e a Big Hit Entertainment se juntaram à Unicef para produzir a campanha Love Myself como parte de uma ação global maior chamada #ENDviolence. O objetivo do programa é garantir que crianças e adolescentes por todo o planeta possam ter vidas seguras e saudáveis, sem que precisem temer a violência.

Para apoiar esse esforço, o BTS doou o dinheiro das vendas de seus álbuns e produtos, além de instigar os fãs e patrocinadores a se juntar à causa e demonstrar seu apoio. A quantia arrecadada é direcionada para a proteção e o amparo de jovens vítimas de violência doméstica ou escolar e de abuso sexual, assim como para a promoção de programas educacionais em comunidades locais.

Os fãs do BTS não ficaram surpresos com essa demonstração de amor e ajuda aos jovens necessitados. Desde o debut, o grupo tem passado uma mensagem clara de amor próprio e aos outros. À medida que sua popularidade e influência se expandem, esses jovens artistas veem a oportunidade cada vez maior de alcançar milhões de pessoas por todo o globo com sua mensagem de esperança, amor e não violência, e torcem para que sua paixão por tornar o mundo um lugar melhor se espalhe pelo seu ARMY de fãs ao redor do mundo.

BTS fala abertamente sobre depressão e doenças mentais

Bang Si-hyuk, chamado pelos meninos de Bang PD-nim ou Bang, o Produtor, quando montou a banda, visualizava que os integrantes escrevessem músicas que abordassem assuntos que a sociedade precisava ouvir. O grupo com certeza atingiu esse objetivo, compondo com franqueza e sinceridade.

Tanto Suga quanto RM vêm sendo bastante francos sobre suas batalhas pessoais. As canções e os videoclipes de ambos refletem suas lutas internas tanto como uma forma de catarse para os artistas quanto como uma maneira de se conectar aos fãs e mostrar que eles não estão sozinhos, que têm um verdadeiro ARMY para ajudá-los e apoiá-los.

A mixtape de Suga como Agust D aborda sua própria jornada de transformação em idol enquanto lidava com a ansiedade e depressão. Ao escrever as músicas, ele sentiu que era importante expor aos fãs que estava passando pelas mesmas dificuldades que eles. Suas canções são um convite para encontrar o caminho juntos.

"Todo mundo é solitário e triste, e se nós soubermos que todos sofrem e se sentem sozinhos, espero que possamos criar um ambiente onde é permitido pedir ajuda e dizer que as coisas estão difíceis quando estiverem difíceis, dizer que sentimos saudade de alguém quando sentirmos."
— Suga, *Billboard*, 15 de fevereiro de 2018

Grito de guerra do BTS

Desde seu primeiro single, "No More Dream", que alertava jovens a seguir os próprios sonhos em vez de buscar atingir as expectativas da sociedade, o BTS tem falado abertamente sobre empoderar a juventude para se libertar e pensar por conta própria. A politicamente engajada "Am I Wrong" questiona como as pessoas podem ser tão cegas à corrupção e tão imunes aos eventos tristes que acontecem ao nosso redor. Junto com "Spring Day", as músicas são uma homenagem às centenas de jovens vidas perdidas numa excursão escolar durante a qual uma barca virou devido à corrupção e à negligência de outros.

Além das músicas, o grupo não tem vergonha de se manifestar sobre seus ideais, seja apoiando protestos ou iniciativas pelo fim do sofrimento humano.

BTS: ESTILO BANGTAN

Yonhap News/YNA/Newscom

Kim Nam-joon / RM

CABEÇA: *Seus acessórios preferidos são um boné ou um gorro – exceto em fotos publicitárias!*

GRANDE CÉREBRO: *QI de 148*

OLHOS: *Se esforça muito para não chorar no palco*

MÃO: *Sempre escrevendo letras para novas músicas*

OUTRA MÃO: *Nunca sai de casa sem o iPhone*

CORPO: *Curte o estilo urbano de Harajuku e o designer Yohji Yamamoto*

PERNAS: *Calça de corte reto, modelo clássico da Levis dos anos 1990*

PÉS: *Prodígio da dança? Acho que não!*

"Quando eu não uso um boné ou um gorro, sinto que meu look não está completo. Preciso colocar alguma coisa na cabeça."

Yonhap News/YNA/Newscom

Kim Seok-jin / Jin

OLHOS: Usa óculos ou lentes de contato de grau alto

CABEÇA: Bonito internacionalmente

ORELHAS: Ficam vermelhas quando ele está envergonhado

OMBROS: Largos

MÃO: Ama os jogos do Super Mario

OUTRA MÃO: Melhor cozinheiro do BTS

PÉS: Praticante ávido de snowboard

Jin ganhou o apelido "car door guy", ou "cara da porta do carro", quando foi flagrado pelas câmeras enquanto saía, todo bonito, de um veículo. A internet foi à loucura com o desejo dos fãs de identificar esse homem misterioso.

Yonhap News/YNA/Newscom

Min Yoon-gi / Suga

CORPO: *Sempre usando joias*

ALÉM DISSO: *Dorme em qualquer hora e lugar*

CABEÇA: *Gosta de lugares silenciosos*

MÃO: *Gosta de ler quadrinhos e o catálogo da Ikea*

OUTRA MÃO: *Joga basquete*

PÉS: *Coleciona tênis do Michael Jordan*

Mesmo que Suga seja um excelente artista e idol, quando está fora dos palcos prefere lugares tranquilos a grandes multidões.

Yonhap News/YNA/Newscom

Jung Ho-seok / J-Hope

CABEÇA: *Bom em resolver problemas*

BOCA: *Ama comer*

BOCHECHAS: *Coram quando ele se gaba*

CORPO: *Não gosta de fazer exercício ou malhar*

PERNAS: *Seu estilo favorito de calça, jeans ou não, é bem-ajustado. Odeia calças baggy*

MÃO: *Gosta de acompanhar o BTS ARMY pelo fancafe*

Os companheiros de banda de J-Hope o comparam ao personagem Doraemon, um gato robô de mangá japonês que tem solução para qualquer problema.

Yonhap News/YNA/Newscom

Park Ji-min / Jimin

TOPO DA CABEÇA: Integrante mais baixo do BTS

CABEÇA: Gosta de bandanas e bonés virados para trás

OLHOS: Usa lápis de olho durante os ensaios

ROSTO: Odeia suas bochechas fofinhas

ABDÔMEN: Orgulhoso de seu abdômen sarado

PÉS: Dança em qualquer hora e lugar

Jimin é tão humilde quanto talentoso, e tem o costume de diminuir as próprias conquistas e elogiar as dos outros.

musicchoice.com
Music Choice
musicchoice.com
Music Choice

Yonhap News/YNA/Newscom

Kim Tae-hyung / V

ROSTO: Foi apelidado de Blank Tae por sua expressão neutra

OLHOS: Tem talento para a fotografia

CABELO: Cortou sem querer o próprio cabelo enquanto gravava o videoclipe "Danger"

MÃO: Rói unha

OUTRA MÃO: Sabe subir em árvores (mas não consegue descer)

PÉS: Não gosta de usar sapato

V tem medo de fantasmas.

Yonhap News/YNA/Newscom

Jeon Jeong-guk / Jungkook

ROSTO: *Não expressa sentimentos com frequência*

BOCA: *Odeia comida sem graça*

CORPO: *O mais atlético*

MÃO: *A mais artística*

OUTRA MÃO: *O integrante mais competitivo do BTS*

PÉS: *Ama sapatos – em especial suas botas Timberland*

Jungkook funga o tempo todo porque sofre de sérias alergias.

LOVERS

TERMOS DE K-POP

4D: Gíria coreana usada para descrever alguém com uma personalidade estranha ou única. É mais um elogio que um insulto. Também pode ser usado para alguém com uma personalidade forte que tende a pensar fora da caixa e ser criativo (de uma forma meio esquisita, em geral). Os fãs dizem que V é 4D.

AEGYO: Uma demonstração de fofura, tipo dar uma piscadela, fazer um coração com as mãos ou soprar um beijo. Os integrantes do BTS estão sempre expressando amor por seus fãs através de adoráveis gestos aegyo, o que os torna a banda mais suscetível a virar memes e gifs.

ALL-KILL: Conquistar a primeira posição em todas as listas musicais coreanas: Melon, Mnet, Bugs, Olleh, Soribada, Genie, Naver e Monkey3.

BAGEL: Alguém com rostinho de bebê e corpo sexy e glamoroso, como Park Jim-min!

BEAGLE: Um idol que é barulhento, espalhafatoso e não consegue ficar parado nem por um instante. Beagles estão sempre fazendo barulho, brincando e aprontando. Quando se tornam irritantes, podem passar logo a ser chamados de kkab.

BIAS: O idol favorito a quem você apoia incondicionalmente. Nem todo fã do BTS tem um bias... a maioria acha difícil escolher.

CHOCOLATE ABS: Um abdômen tão definido cujas linhas lembram uma barra de chocolate.

COMEBACK: O lançamento de uma nova faixa, um novo álbum ou single.

DAEBAK: Grande sucesso.

DONGSAENG: Amigo mais novo que você. É como chamar alguém de "amiguinho".

FAN CHANT: Um canto criado para acompanhar a melodia de uma música. Às vezes são cantadas em resposta a palavras específicas da canção, como em "DNA". Outras vezes, os fãs entoam o nome dos integrantes em ordem: Kim Nam-joon! Kim Seok-jin! Min Yoon-gi! Jung Ho-seok! Park Ji-min! Kim Tae-hyung! Jeon Jeong-guk! BTS!

HALLYU: "Onda coreana". Fandom para tudo o que é coreano, inclusive comida, TV, língua e, é claro, K pop.

HYUNG: "Irmão mais velho". (Todos os integrantes mais velhos são hyung para Jungkook, o maknae do grupo.) Se você for uma mulher, pode chamar mulheres mais velhas de *unni* e homens mais velhos de *oppa*. Se for um homem, pode chamar homens mais velhos de *hyung* e mulheres mais velhas de *noona*. *Unni* e *noona* podem ser traduzidos para irmã mais velha. *Oppa* e *hyung* podem ser traduzidos como irmão mais velho.

KKAB: Um "beagle" cujas bagunças fofas passam do limite e se tornam irritantes.

JJANG: O melhor! Se você gosta de alguma coisa, faça dois "joinhas" e diga "Jjang!"

MAKNAE: O mais novo de um grupo. (Jungkook é o maknae do BTS.)

MANHWA: O termo coreano para quadrinhos. Inclui revistas em quadrinhos, mangás, animação e webtoons. *Hip Hop Monster* (ou *Hipmon*) e *We On* são webtoons oficiais do BTS.

MUKBANG: Um vídeo de um idol coreano se fartando em grandes quantidades de comida enquanto fala com os fãs pela câmera. *Eat Jin* é uma série mukbang muito popular disponível no YouTube.

OPPA: Traduzido literalmente como "irmão mais velho". Oppa é um termo normalmente usado por garotas ao se referir ao seu crush.

OTP: Um par ideal, um "ship" ideal ou simplesmente "shippar" é uma parte importante da cultura K-pop. Os fãs adoram fantasiar sobre juntar dois idols favoritos em um casal, muitas vezes independente do gênero. O fandom do BTS está repleto de ideias sobre qual integrante do BTS pode "shippar" com o outro e com outras estrelas do K-pop. Muitas vezes, isso gera um nome combinado, por exemplo: Jungkook e Suga juntos virariam SugaKookie!

SASAENG: Fãs obsessivos que fazem maluquices para chegar perto de seus idols. Não importa quanto você ame o BTS, não seja um sasaeng – em vez disso, entre para o ARMY!

SATOORI: Dialeto ou sotaque. A língua coreana tem dois satooris principais: Daegu e Busan. Jimin às vezes sente vergonha de seu satoori Busan, enquanto V se orgulha do seu Daegu. Em Seul, os locais acham sotaques do interior cativantes!

SELCA: Uma combinação entre as palavras "self" e "câmera". Tem o mesmo significado que "selfie" em coreano. Os Bangtan Boys são mestres da selca, sempre postando suas brincadeiras on-line para os fãs – e, às vezes, com fãs também.

SOOMPI AWARDS: *Premiação feita por fãs para homenagear o melhor do melhor da televisão e música coreana. Os vencedores são determinados com base em votações on-line e pontuações no Soompi Music Chart, e refletem a popularidade mundial de um artista ou grupo.*

SSANTI: *Uma dança boba que os idols fazem para os fãs. Apesar de todos os integrantes do BTS terem passos arrasadores, eles também são conhecidos por balançar os popôs no estilo ssanti quando estão fazendo palhaçadas nos bastidores.*

TRAINEE: *Antes das estrelas de K-pop debutarem, elas passam por meses de treinamento vigoroso que envolve dietas restritas, rotinas de exercício e trabalho pesado. Quando o trabalho de um trainee está completo, ele se torna um idol.*

TSUNDERE: *É uma combinação entre a palavra japonesa* tsun, *usada para se referir a alguém que age de forma brusca, e* dere, *uma pessoa afetuosa. Ou seja, descreve alguém que age friamente no início, mas aos poucos se abre. Suga é considerado tsundere por alguns fãs.*

VISUAL: *O integrante de melhor aparência do grupo. Não é o mesmo que o "rosto do grupo", que em geral se refere ao mais popular. O papel do visual no BTS é ocupado por Jin, que descreve a si mesmo como "internacionalmente bonito".*

Pergunta dos fãs: Os Bangtan Boys ainda serão "Bangtan Boys" daqui a vinte anos?

"É claro. É difícil saber até o momento chegar, mas poderia existir uma chance de trocarmos de nome. Já pensei muito nisso. 'Bangtan Middle-Aged Group', 'BTS', 'Bangtan Man' etc. Mas o que importa não é o nome. O mais importante é querer formar um grupo que vai continuar junto daqui a vinte anos." — RM em entrevista coletiva para *AJ x The Star*

BTS E O OUTRO "ARMY"

As leis da Coreia do Sul exigem que todos os homens entre 18 e 25 anos sirvam no exército por 21 meses. Por mais que antigamente os empresários e as produtoras conseguissem adiar ou escolher o período de serviço dos integrantes, uma nova lei estabeleceu que idols não podem mais receber tratamento especial e precisam atender ao chamado de imediato. Pessoas que seguem a Hallyu (onda de cultura pop coreana) testemunham isso o tempo todo quando seu astro do cinema ou da TV desaparece de cena por um período. É comum que produtoras promovam a volta dos bias mais populares com muita festa.

Quando os Bangtan Soneyondam serão chamados? Como isso afetará a música, os fãs e as apresentações? Só o tempo dirá.